ALEXANDRA WERLÉ

GEDICHTE & MEHR

ZUCKERWÜRFEL

verlag regionalkultur

EINLADUNG

Willkommen im Spiegelkabinett …

Inhalt

ARCHETYPEN

DIE AHNUNGSVOLLEN

… sind gesichtslos, doch sehr präsent
… können gerufen werden
… helfen durch ihre Anwesenheit

Wo sie sind, ist es ruhig,
eher dunkel und schützend

zur Ruhe kommen, Kräfte sammeln
ist dort möglich

Dort wird gegeben nach Bedarf,
Bitten sind nicht nötig

Sie sind da, um zu helfen
Sie kennen sich aus
Alles, was es im Leben gibt,
ist ihnen vertraut.

DER HENKER

Unerbittlich in der Sache
Groll wird nicht zerstreut,
immer gebunden an das Richtige

Rücksicht ist Zeitverschwendung,
der direkte Weg ist immer Gebot

rasten nur kurz

Das Ziel ist eine Idee, eisenhart

Du bist ein scharfes Messer,
zeigst nur die nackte Wahrheit

Du bist berührbar, aber sparsam

nicht warten, handeln

Schmerz ist unvermeidlich
Du nimmst vieles in Kauf

Es muss so sein …

DIE HEXE

Die Hexe wird nicht gemacht, sie wird gerufen.

Es ist ein starker Ruf.
Wenn du ihn nicht erkennst oder ignorierst,
richtest du großen Schaden an, bei dir selbst und
anderen.

Sowas muss Ausdruck finden.

Deine Aufgabe ist es, zu erkennen, zu lösen,
zu helfen, zu heilen …

ALLE Kräfte stehen dir zur Verfügung.
Du bist nicht allein, vielmehr ist dein Weg
die Verbundenheit selbst und das Wirken
aus dem Ganzen heraus.

In deiner Kraft musst du ALLES bezeugen können.

Du hast das Ganze im Blick.

Manchmal wirst du erkannt
und manchmal direkt um Hilfe gebeten,
aber oft wirkst du im Stillen.

DIE RATTEN

zahlreich
zäh
klug

komplex
Krawall

Qual
Terror
Kadaver

geduldig
erduldend
geräuschlos
geopfert

Das Grauen
Kreislauf
Ankerpunkt
Erstarrung

Wir bleiben
Wärme …
Verwehung …
Neubeginn …

KASSANDRA

wachen
bewahren, beweinen

warnen
berichten, bezeugen

sehen, sorgen, solitär

Spuren sammeln
beschreiben
zusammenführen

berufen – immer
gefragt – nur manchmal

Klarsicht
Weben
Wahrheiten verschleiert
zeitenlos …

VERRÄTER

Du wirst ein Opfer bringen müssen,
das Du nicht verkraftest,
aber das wirst Du erst hinterher verstehen

Du wirst blind sein, bis es zu spät ist
Das ist eine sehr schwere Aufgabe …

WARRIOR

You have walked a long, long road,
have done a lot and did it for all of us
Thank you for it

Light fading out,
strength almost spent
That's how a life is meant to end,
a life fully lived

You did your very best, for sure
Played out the hand you were given full force,
not shrinking from any challenge,
shouldering many a burden, not your own

Take off your armor now,
you have earned your big rest

BEGRIFFE

ALTER

Tiefe durch gelebtes Leben
Aus der Fülle heraus als Relief gezeichnet
Kraft, Strahlen
Wissen, Gewissheit

Ewige, wahre Schönheit …

BEGREIFEN

Du bist es nicht
Du hast es nicht
Du darfst es nicht
Du musst aber

BLUT 1

Schande, Bande, Dreck
Gestank, metallisch, Rot
kochen, vergelten
verdünnen, gerinnen
gefrieren, erstarren, tot

BLUT 2

Ferrum
Furnace
Rot

gefrieren
Eis
Blau

Herz
Heilung
rosa und grün

BROTHER

Why? because you are my brother
Which chair do you offer me?
Where do you put me?
To your right side?

One-of-a-kind
from kin to cave to den
Meat to the bones

common ground
homeward bound

find your footing
call your spirit back

fabric of the spheres
Heaven's DNA

familiar tune ties
less-than to awareness

DAZWISCHEN

Zwischen – Raum
Hinter – Raum
Klangraum

Zwischen – Zeit
Raum – Zeit
Welt – Zeit

Zwischen – Welt
Zwischen – Wesen
Zwischen – Tür

tiefer Raum
weite Welt
leichte Zeit

DER TAG

Des Tages Klang, des Tages Maß
des Tages Glut, des Tages Wut

Des Tag's Gewand, des Tages Fluss
des Tages Licht und sein Verdruss

Des Tages Netz, des Tages Haus
– die Zeit, die geht hier ein und aus

Der Tag ist dicht, der Tag ist laut,
der Tag ist völlig zugebaut

Des Tages Hand, des Tages Band
des Tages Form, des Tages Norm

Der Tag, er wölbt sich, dehnt sich aus
quecksilbrig, stetig, immer,
bis endlich Dämmrung bricht heraus
in Wahrheit, Klarheit, Schimmer …

DIE NACHT 1

Gelassen stieg die Nacht ans Land*
den Zeitenschlüssel in der Hand

Sie deckt des Tages Treiben zu
Stille trägt die Welt zur Ruh

Samtig, wohlig gleitet sie,
streift umher, eilet nie

Spendet Atem und verbindet
lose Enden, die sie findet

Bis im Morgennebel dann
ihre Barke landet an

Sie weilt noch bis der Tag sich findet,
kehrt nun um sich und entschwindet

Reise wohl, wir seh'n uns wieder
bald schon kommst Du neu hernieder

** Diese Zeile stammt aus dem Gedicht „Um Mitternacht"
von Eduard Mörike*

DUNKELBLAU

Zustand
Statement
Stempel
Bam!

ECHO

Jeder Raum hat eine Türe
Jeder Kreis die eigne Zeit
Jeder Ort trägt eine Botschaft
Bande in die Ewigkeit

Was war, ist nicht fort, wir tragen es in uns
Es ist immer da, lebendig und frei
Ein Wiedererkennen ist auch ein Erinnern,
seltsam vertraut und gleichzeitig neu

FREIGEIST

Fülle, Quelle, Stille, gut
Jetzt ist Gut

Atem holen
Räumlich werden

Freidenken, freilassen, freigeben

Frei – gelassen
Frei – gehalten
Frei – getragen

Freiraum
Luftraum
Klangbild

Verschachtelung
Verästelung

Freies Spiel …

FREIHEIT

Lebendigkeit ist nicht das Leben
Am Leben sein, heißt nur nicht tot

Ein Freiraum ist die kleine Freiheit,
kurzer Ausflug aus dem Jetzt

Ein freier Flug jedoch vergeht nicht,
ein Tanz im Feuerwerk der Zeit,
im Gleichklang aller Dimensionen
– verortet in Unendlichkeit

Der Himmel war offen, ein kleines Stück
erstmals lebendig, das Leben erkannt

Es wird nie vergessen
Du hast es gezeichnet
Es ist nicht erloschen
Hol es zurück!

FREMDSPRACHE MUTTERSPRACHE

Was wollen sie?
Was meinen sie?
Was sagen sie?

Wir sollen?
Wir sollen nicht?
Wir dürfen nicht?

Ein Verbot?
Eine Erlaubnis?
Ein Befehl?

GUT UND BÖSE

Das Gute ist immer in uns
das Böse gibt es nur, wenn wir es erschaffen

Das Gute in uns ist unvergänglich
das Böse können wir immer überwinden,
wenn wir uns dazu entschließen

HARMONIE

heilen
helfen
balancieren

retten
betten
austarieren

schlurfen
schleichen
neu zentrieren

genesen
gesunden
erstarken

HEILUNG

bleiben
weiteratmen
durch eine fremde Tür gehen
neu entstehen

Trost finden
aufatmen
erkennen
alte Wunden neu verbinden

IRRWEGE

Irrwege gibt es nicht
Was wir herausfinden wollen, das müssen wir herausfinden,
egal wo …

Von etwas ablassen ist schwer

Hochmut ist billig und leicht zu haben
Demut dagegen ist kostbar

Wann wir etwas lernen, ist nicht so wichtig

Es ist schön, etwas erledigt zu haben

Reue lehrt uns, dass etwas wichtig war,
was uns nicht so schien …

LEBEN

Das Leben selbst ist freundlich,
gütig, warmherzig, sanft, behutsam,
bewahrend, wachend, unaufdringlich,
bescheiden, dankbar, wiegend, tröstend …

LIFE

Life itself
the life of life

is
the heartbeat of the world
and its blood

It is in us and
we are in it

It carries us and
we carry it inside us

LIEBE

Magisches Band durch alle Zeiten
Kein Teilchen geht verloren
Duftspur in die Ewigkeit …

MUSTER

gezeichnet
gerufen
erkannt
verwandelt
entschlüsselt
benannt

ORION NEBEL

zauberhafte Wolke
kraftvoll, fein
unbedrohlich
leuchtend bunt
see you …

REGEN

Regen Reigen, sanftes Schweigen
heilsam, frisch und klar
plätschern, nieseln, friedlich patscheln
rein, benetzen, wunderbar

RUINEN

Aufrecht stehen,
nicht vergehen
Leben du verlässt uns nicht
Spuren wehen …
JETZT verstehen …
Zukunft von Dir lass' ich nicht

SPHÄREN

Tempel
Lampe
Licht
Docht
Wucht
dicht

Schwärze
Tiefe
Schatten
Spiegel
Masse
Wesen
Wasser

Gestalten
Welten
Nebel
Gewebe
Macht
Anker
Sprache
Gesicht

TRAUER

Zeitlupe des Abschiednehmens
Verpuppung vor einem Neubeginn
Wundsekret für einen tiefen Seufzer
und ein Dankeschön an die Ewigkeit

FAMILIE

DAS ZWEITE U

Wahrhaftiger Fels
echter Freund
THE MAN
Merlin, Strahlkraft …
Wow!

DIE UNBESTECHLICHE

Du sahst mich ganz,
als ich es selbst nicht konnte,
gabst mir Fragmente,
als ich heil sein wollte,
und es nicht war

Wenn du nichts mehr hast,
musst du in die Knie gehen

Das Leben hat auf mich gewartet,
völlig überraschend

auch dank Dir

Dank Dir

EINS VON ZWEIEN

Ursel, Uschi, Bärenkind
Uschamanin, Hüterin
starke Medizin
Tiefe, Stille, UrSulA …

KLEINLICH

Kleinlich war ich, Du verschwiegen
Was ist mein und welches Dein?
Schwarz und weiß
Wassertiefe
Sog und Sehnsucht, leicht erdrückt
Schwerkraft, schleudern, Kugelblitz
ohne Orbit, Splitter – Face

Du, mein Spiegel, klar beisammen
Gibst zurück, was ich gefragt

Gänze unmöglich, weiterprallen
fliegen, schleudern, krachen, atmen

Kniefall vor dem weiten ALL …

… Leben weich und sanftes Klopfen
Vorsicht … holt das Mädchen heim …
Lava ich, Du unerschrocken …

Staunen … Beide können sein

MEINE HERZ-SCHWESTER

Du hast nach mir gerufen
in tiefster Not,
lange bevor ich's wusste

Du wurdest durch alle Himmelsrichtungen gezerrt
unvorbereitet, ungewappnet …

Ein Gemüt so zart wie Klatschmohn,
in der Physis aber sehr stark …

Jetzt ist es Schnee von gestern

Diesmal kommt mir nichts dazwischen,
ich bleibe an Deiner Seite

Heute kannst Du wieder lachen
so wie damals, als Deine Welt
noch in Ordnung war … das ist sehr schön

WO BIST DU?

Hörst Du ein Rufen?
Stör ich Deinen Frieden?

Ruhe hast Du …
Scheinst nichts zu wollen …

Du kennst mich, doch begreifst Du mich?
Verortet bis Du HIER …

Die Tiefe ist lebendig, das weiß ich
Deine Ruhe ist es auch …
Du brauchst mich nicht,
doch siehst mich gern
– ich bleib im Fluss … und Du bist's auch.

LEUTE

AN DEN LÖWENMANN

Ich sehe Dich
Du sollst wissen, dass nichts verloren geht

Die Kämpfe, die Du nicht gewinnen konntest,
waren nicht umsonst

Wir bluten manchmal nicht nur für uns selbst …

Alles hinterlässt Spuren und kein Echo verstummt je ganz …

In der Zeit wird alles zusammenfinden …

Alles zählt
Es gibt Kräfte, die bewahren und hüten
Nichts bleibt ungelöst

Was AUS uns kommt, hat immer Wert, bleibend
und für jeden Weg gibt es ein Ziel,
auch wenn wir selbst vielleicht nicht teilhaben können

– es macht in Wahrheit keinen Unterschied …

Wenn Du für Dich einen sicheren Ort gefunden hast,
so bleibe dort.
Du wirst noch gebraucht
Wir zählen auf Dich …

AUF DER SUCHE

Finde die Dinge, die Dich begeistern
Mache Pläne, aber halte sie flexibel

Erprobe, verwerfe, orientiere Dich neu
Wo es Dir gefällt, verweile
Wo es Dich hinzieht, folge

Hol' Dir Hilfe, um Dinge zu ordnen

Kämpfe nicht gegen etwas, sondern
finde heraus, wofür Du stehen möchtest

So entsteht Dein eigenes Muster

Das Leben führt Dich
Lass' Dich überraschen
Sei gewiss, es gibt einen Platz für DICH

Was Du darstellst, ist nicht, wer Du bist
Du wirst alle Antworten finden …

DAS VÖLKCHEN

Das Völkchen hat eine Seele
es tummelt sich gern
es lebt und bewegt sich
es lacht und weint und stört sich manchmal,

empört sich auch hin und wieder

Es hat Orte der Freude und der Trauer,
gemütliches, beschauliches
zänkisches, erbauliches
erstaunliches, vertrauliches

Es gibt Platz für alle

Das Völkchen ist gut

DER DIPLOMAT

Sie begreifen Würde

Sie reden über eine Sache, nicht über sich selbst

Sie lassen sich tief bewegen

Sie machen nicht nur Ihre Arbeit,
Sie erfüllen Ihre Aufgabe

Sie strahlen aus sich selbst heraus

Wo Sie sind, ist auch alles andere am richtigen Platz

Eine Person wie Sie wirken zu sehen,
ist ein Geschenk

Sie sind unser bester Mann

DIE SANFTEN, STILLEN

Ihr seid das Kissen der Erde,
der Trost für Wunden
Ihr gebt immer
Ihr weint unsere Tränen

Wenn wir um Vergebung bitten,
habt ihr längst vergessen

Euch gehört das Glück
Ihr stehlt nichts

Ihr duldet viel …
Wir schulden euch …

Das Leben liebt euch, es bringt euch heim.

ICH DURFTE DICH SEHEN

Ein ganzes, ganzes Menschenleben
fließt aus meinen Händen …

Zu begreifen, was wir sind,
so schmerzlich schön

All unsere Herzen sind so

In uns allen wohnt
in der tiefsten Tiefe
dieser eine Tropfen
leuchtendes Blut

Für immer …

LINDE

Du heißt wie ein Baum
Hast mich ertragen und begleitet,
wohl meine Not gespürt und ganz stur
und fest an das Leben geglaubt

Hast mich blind geführt, mir was geopfert
Wo gibt's sowas schon?

Jetzt hab' ich eine Verantwortung,
ich schulde Dir was
Jetzt darf ich nicht klein beigeben
Jetzt muss ich bei meinem Besten bleiben,
so gut ich kann

Sowas ist wie ein Tor zum Himmel,
das gibt's nur einmal

Ich wünsche Dir ein großes Glück …
… ein verdammt großes …

MIT HERZ UND HAND

Wir sind mit dem Leben davongekommen
und ihr raubt uns unser Land! Das ist Verrat.

Wir verlieren unsere Heimat und ihr
seid schuld, ihr Schweine.

Wir hatten ein Leben und jetzt ist alles
weg, und wir sind auf einmal nur Dreck?
Ihr Lügner!

Vorher hatten wir es schwer und jetzt
stimmt gar nichts mehr. Wollt ihr uns
kaputtmachen?

Erst feiert ihr uns und jetzt
kehrt ihr uns den Rücken.
Ihr Feiglinge!

Unser Herz blutet,
ihr blutet uns aus, wir sind entsetzt.
Das könnt ihr Nie wieder gutmachen

SCHAMANIN

Du hast mich erkannt

Du hast geschaffen, ins Leben gerufen

Du hast gewagt
hast gekämpft
hast geliebt und geholfen

Du hast es gut gemacht

Und hast Spuren hinterlassen …

TEXTE / SONG TEXTE

BITTE

Du hast eine Stimme, nutze sie
Du hast einen Platz, nimm ihn ein
Brich jetzt dein Schweigen und zeige dich
Unwichtig kann das nicht sein

DAS LEBEN GEHT WEITER

Ich war neunzehn und mein Kumpel ist im Auto verreckt
Ihr sagtet: Das Leben geht weiter.
Schau' nach vorn, Du bist jung, was ist Dein Plan?
Wo Dein Platz auf der beruflichen Leiter?

Reden bringt nichts, sagt ihr immer
Lass' diese Dinge doch ruh'n
Ich sag': Ihr könnt mich mal, wir sind das Leben!
Schweigen macht alles nur schlimmer

Wir halten jetzt die Welt an und ihr hört zu
Es ist nicht alles heiter
Wir stören jetzt eure selige Ruh'
Ihr wisst schon – das Leben geht weiter

Ich war neunzehn und bekam den Schock meines
Lebens
Mein Kumpel war plötzlich tot
Die Trauer ist SCHWARZ, die Tränen sind SALZIG
und der lebendige Zorn hat ein tiefes ROT.

DIE EINE

Die wahre Liebe gibt es nicht
das hab' ich oft gehört
diese Behauptung ist eine Lüge
und hat mich schon immer gestört

Du warst die schönste Taube, hier am Ort
ich war zehn, sie brachten Dich fort
wir konnten nichts machen, wir waren so klein
Du hast geweint, ich konnte nur schrei'n

Ich werde Dich finden, irgendwann
wir werden uns kennen von Anfang an
dann gehörst Du zu mir und ich bin Dein
Du bist die Meine und ich daheim

Du warst wie eine Rose, doch musstest verblüh'n
ich war erst zwölf und hab' es geseh'n
ein geprügelter Hund, verletzt bis ins Mark
ich gebe nicht auf, ich bleibe stark

Die Reise geht weiter, ich brauche kein Licht
ich zieh' meine Kreise, doch sehe Dich nicht
ich weiß, ich kann der Liebe vertrau'n
wir werden uns in die Augen schau'n

Ich hab' Dich gefunden, Du bist bei mir
Du leuchtest, wir lachen, wir bleiben hier
es ist alles klar, wir wissen's genau
ich bin Dein Mann und Du meine Frau

DIE LETZTE TÜR

Die letzte Tür ist … mächtig
Du brauchst starke Nerven …
Ich weiß nicht, ob Leute da jemals freiwillig hingehen …

Du musst eine Entscheidung treffen …
Hier bekommst du keine Antwort …
Du bist die Antwort und entscheidest gleichermaßen …

Wir sollten hier oben nicht sein …

Es gibt Grenzenlosigkeit, aber das ist nur
für extreme Zeiten und schwer verdaulich

Du kannst Informationen holen,
aber dann wieder zurück

Wenn Du dorthin nicht gehen musst, dann lass es.
Es ist sehr schmerzhaft.

DRACHENHAUT

Eine Drachenhaut wird Dir gegeben,
Du kannst sie nicht erwerben,
auch nicht verdienen

Halte einfach durch
hoffe auf nichts
frage möglichst wenig

Nimm hin und fühle und dann
werde das

Wähle nicht aus
höre vielmehr alle Rufe

Lass dich führen
vergiss Zeit
vergiss alles

Dann kann es sein, dass Du eine bekommst
– aber nur, wenn es so geschrieben steht.

EINE KERZE IM FENSTER

Lass' für mich bitte ein Fenster offen
Ich finde Dich im Wurzelwerk der Zeit
Gewissheit ist bei mir, doch Du musst hoffen
Mein Herz, ich geb' Dir sicheres Geleit

Ich bin im Frieden und Du sollst es auch sein
Der Sprung ins Unbekannte fordert Mut,
doch das Band von Dir zu mir hier währet ewig
Wissen sollst Du: Alles ist mir gut

ERKLÄR' MIR DIE WELT

Der Regen fällt von oben nach unten,
das Wasser fließt von hier nach dort
Genauso ist es auch mit den Stunden,
sie rieseln und sind scheinbar einfach fort

Doch, alles, was geschieht, das ist verbunden,
ist Teil von einem Netz, gewoben fein
Es hält uns, weißt Du, wir sind nicht alleine,
bewahrt und schützt – es muss so sein

Wir seh'n nur, was wir sehen, wenn wir Sehen
Das geschieht mit einem ruhigen Geist
Kannst Du Deine Kämpfe erst verstehen,
bist Du in der Regel weit gereist

Wir gehn von einem Zimmer in das nächste
gestalten neu oder kehren aus
lebendig sein und frei, das ist das Höchste
so zieh'n wir ein in unser eignes Haus

Die Fremde schickt uns postwendend zum Anfang
Wir steh'n jetzt aufrecht, stark wie ein Baum
Die Enge draußen weicht der inn'ren Weite
Wir sind dann wie erwacht aus einem Traum

Hast Du den Weg zu Dir einmal gefunden,
so kannst Du jederzeit dorthin zurück
Du bist jetzt Teil und dennoch ungebunden
glaube mir, das ist das wahre Glück

HOLD THE LINE

When I say hold me
You think I mean hold me tight,
but I don't.
What I mean is don't lose me,
hold on to me, don't let go …

When I ask can I rest a bit
You think I am looking for a home,
but I don't.
What I'm looking for is the soundtrack
of my life, of these times …

Don't rock my boat
I need to find the flow,
but I promise you not to leave the race

LOOK

Just BE …
You ARE everything that you could possibly be
You HAVE everything that you could ever need

You deserve the best – USE it,
thus, it IS intended / meant to be

untangle
unravel
dissolve
disappear

return
ashes, elements

forget

new Day … alive …

distribute
dilute
hand out
pass on
move on

Come full circle … so be it … so it is written
So, BE …

OBITUARY

You gave your soul to us, you gave it all
together we stand, alone we fall

The Wild Man has left the scene
travelled on through the smoke screen

You left a legacy in your own way
a light has gone out, behind we stay

In Rock Heaven you hold a place
you stood out, and did it with grace

Thank you!
It was a hell of a ride
You rest in peace now
See you, good night …

SCHATZKÄSTCHEN

Wo stehst Du in dieser Zeit?
Wo findest Du Trost und Mut?
Wo ist Dein sicherer Hafen?
Was macht für Dich alles gut?

Was ist Dir heute heilig?
Was magst Du wirklich gern?
Was verehrst Du? Was beglückt Dich? Was weißt Du genau?
Wofür brennst Du im innersten Kern?

ON THE WAY

I can't see where I'm going
You say I'll get there some way
I don't know what is missing
You say I'll find it some day

I'm on a hell ride to nowhere,
whenever I get there, I'm gone
Is this some joke or is it just me,
on the craziest trip under the sun?

How do you catch a dragon-fly?
Why would you anyway?
Can a diamond ever lose color?
Is this worth it? Does it pay?

Can a broken connection be mended?
Can a kite in free flight come back home?
Why does a blind man wear glasses?
Is anything written in stone?

See through, walk through, talk through –
searching in between –
a journey without direction –
the most confusing thing that's ever been …

WE OWN TIME …

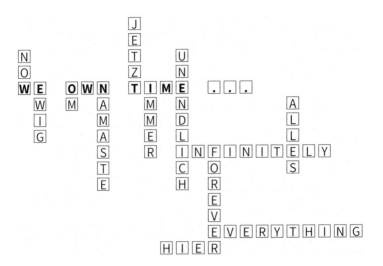

ZUSTÄNDE

ABENDDÄMMERUNG

Im Abendlichte steigt mein Geist empor
schwebt dahin so leicht, so froh
ziellos doch gleichsam wohlgetragen
wünschend, es wär immer so …

Geist ist und wird gewesen sein auf ewig
tastend und sich nebelgleich erinnernd
doch muss sich senken, will erneut sich binden
auf Erden eine zweite Heimat finden

Dem Wesen nach gar himmelsgleich
nur zu Besuch im Erdenreich
hat ES für kurz den Weg nach Haus genommen
und ahnt, ES wird in Bälde wiederkommen

AUFWIND

Freiraum
Luftraum
Klangraum

Zwischenraum
Zwischenzeit
Zwischenwelt

Spiegelbild
Ebenbild
Zerrbild

seitenverkehrt
umgekehrt
ausgekehrt

GEZEITEN

heften, reihen, knüpfen

Faser
Tuch
Gewebe
Gewand

Unterwolle
Flickenteppich
Patchwork

Scherben
Splitter
Flaschengrün und weiß

Zeitgeist
Klangbild
Wechselwind

Fluss-Stein
Rinde
Borke

Orange und federleichtes Schwarz

IN DER ZEIT

vorwärts
verharren
verbreitern
ausrichten
reifen
verdünnen
vertiefen
finden
erwachen
frei gehen

KINDERLIED

Wiege, wiege, wogen, die Alten ham' gelogen

Tief im Brunnen, sichrer Ort
Schutz vor Schmutz, Dreck zum Trutz
Hier und dort, allzeit fort
Oben, unten, Süd und Nord

Wiege, wiege, wogen, die Alten ham' gelogen

Eins, zwei, drei, vier
Dieser Ort ist in Dir
Fünf, sechs, sieben, acht
Hol' sie zurück, Deine Macht

LEBENDIG

Klanggewebe
Stilleteppich
Wassertraum

friedlich umspült
freundlich getragen
heiter umwoben
bewegungsfrei

NEUANFANG

glauben
erkennen
verstehen
erfahren
begreifen
verdauen
beweinen
betrauern

SUCHE

Kein Signal seit langem
finden, zurückbringen
Namen, Zahlen, Daten, Fakten
Zirkel, Gruppen, Kreise

Broken glass, wir haben sie

The eagle is landing

TREIBGUT

Erkläre nicht, tu einfach
Beschreibe nicht, zeige
Deute nichts an, schweige lieber
Verwirre nicht, gleiche aus

Bedanke Dich für jedes Geschenk
Nimm jedes Geschenk an
Verbinde, wann immer möglich
Folge heiter jedem Hinweis

SPIELEREIEN

ACHT VERSLEIN

Lauchgemüse
Stinkefüße

Feuerwerk
Gartenzwerg

Kartoffelbrei
Zweierlei

Apfelsaft
Manneskraft

Schillerlocke
Ringelsocke

Kinderglaube
Sahnehaube

Stammtisch
Räucherfisch

Vollkornbrot
Hundekot

AM SCHNÜRLEIN

Herzfrequenz
Wellenlänge
Lautenspiel

Seidenraupe
Schmetterling
Etappenziel

klirren, klappern, rasseln
verhökern und vermasseln

Becher, Henkel, Teller, Tassen
Kochgeschirr und Kellerasseln

Krümel
Streusel
Bröckchen

Streunerle
Strolchi
Flöckchen

AUSVERKAUF

freeze
lease
what?

getouched
delivered
sale

DIE NACHT 2

Gelassen stieg die Nacht ans Land*
in ihrem neuen Schlafgewand
und sah sich um, mal hier, mal da
ob etwas im Gange war

Kann sie helfen, frieren welche
oder sind's nur Blumenkelche
die da fest geschlossen ruh'n?
Denn das ist es, was sie tun
in der Regel, in der Nacht
– wer hat's ihnen beigebracht?

So streift sie, gleitet, milde lächelnd
über Täler, Berge, Bäche
lauscht mitunter, hält mal inne
sitzt auf einer Regenrinne
bis von fern das Zwielicht steigt
aus der Schatten Schläfrigkeit

Es ist so weit, die Nacht vergeht
weil der Morgenwind nun weht
Sie reibt sich die Augen, springt herunter
landet als Tag und ist putzmunter

---

* *Diese Zeile stammt aus dem Gedicht „Um Mitternacht"*
  von Eduard Mörike

ENE MENE

Fata Morgana
Luftschloss
Schlaraffenland

Quellcode
Matrix
Hinterhand

vordergründig
zwiegespalten
Hieroglyphen
Hand aufhalten

Ene mene Straßendreck,
wer nicht hinschaut,
schaut halt weg

FACHIDIOTIE

Geldgier
Machthunger
Schönheitswahn
Geltungssucht
Rufmord
Kniefall

Genickschlag
Dolchstoß
Gesichtsverlust
Ehrenrettung
Erdenbürger
Zufall

GEDULD

Brückenpfeiler
Glückskeks
Leuchtkraft

Lichtreflex
Federkiel
Zaubersaft

Schleifstein
Feile
Druckkammer

Peitsche
Kette
Vorschlaghammer

bündeln
brechen
verdichten

befreien
kreieren
vernichten

GELD

Kohle, Knete, Kies, Euronen
Taler in der Tasche

Zaster, Batzen, Hauptgewinn
Zinserträge, Asche

GEOMETRIE

Splitter, Tropfen
Blinken, Leuchten
Leere, Dünne

PHYSIK

Dichte, sprengen, eng
weitergehen, Peng

KLACKS

Gipfelstürmer
Wellenreiter
Flugbegleiter
Blitzableiter

Freibrief
Katzengold
Eckfenster
Streckbank

Hohler Zahn
Waschtrog
windschief
gemütskrank

Kerze
Siegel
Wachs

Murmeltier
Hamster
Dachs

LATERNE

Laterne, hab' mich gerne
Geh' zum Teufel oder dahin
wo der Pfeffer wächst

In drei Teufels Namen fahr zur Hölle
Oder steig mir in die Tasche

LÜGENGEBÄUDE

Sich in die eigene Tasche lügen
bis sich die Balken biegen

Seemannsgarn spinnen
erstunken und erlogen

Um den heißen Brei herumreden
schönreden, verdrehen
nicht wahrhaben wollen

Lügen haben kurze Beine
lügst Du nicht, so hast Du keine

Auf den Tisch hauen
Tacheles reden
Die Wahrheit kommt ans Licht

STADT-BILD

Tauben auf Schornsteinen und Kirchengiebeln,
auf Stromleitungen und freien Plätzen

Sie sind allgegenwärtig

Manchmal hinkefüßig, doch unverzagt und unermüdlich
sammeln sie sich fröhlich
zum gemeinsamen Picknick in ihrer Stadt

ZEITRAUM – ZEITPUNKT

zeitlos
räumlich
zeitig

Minutentakt
Taktgefühl
Freiraum
Hohlraum

Zeitfenster
Zeitvorgabe
Freizeit
Alptraum

ZORNIGEL

Volksmund
Siebenschläfer
Schwerenöter
Drachentöter

Raufbold
Unhold
Lackaffe
Hasenfuß

Brotzeit
Morgenrot
Joghurtdressing
Apfelmus

Kopfhörer
Spaßbremse
Zugehfrau

Krautwickel
Strumpfzwickel
himmelblau

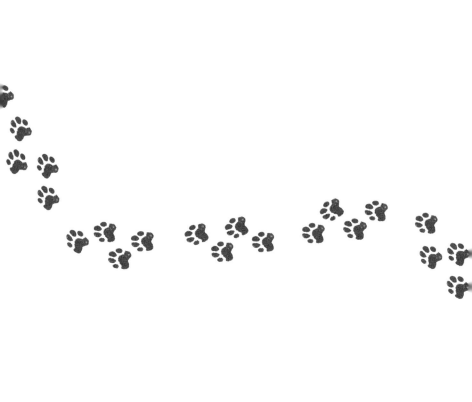

Abbildungen:

Alle Abbildungen (Zuckerwürfel und Katze) sind KI generiert.

Sie wurden mit den Programmen Microsoft Designer, Leonardo.ai,

Adobe InDesign und Adobe Photoshop erstellt.

Die Zuckerwürfel auf den Seiten 18, 52 sowie 62 und 86

wurden von der Autorin Alexandra Werlé generiert.

Impressum

Autorin:	Alexandra Werlé
Titel:	ZUCKERWÜRFEL
Untertitel:	GEDICHTE & MEHR
Herstellung:	verlag regionalkultur (vr)
Satz / Umschlag:	Jochen Baumgärtner (vr)
Endkorrektur:	Lea Spitz (vr)

Bibliografische Information der Deutschen Nationalbibliothek
Die Deutsche Nationalbibliothek verzeichnet diese Publikation in der Deutschen
Nationalbibliografie; detaillierte bibliografische Daten sind im Internet über
http://dnb.dnb.de abrufbar.

ISBN 978-3-95505-472-4

Diese Publikation ist auf alterungsbeständigem und säurefreiem Papier
(TCF nach ISO 9706) entsprechend den Frankfurter Forderungen gedruckt.

© 2025. Alle Rechte vorbehalten.

verlag regionalkultur
Heidelberg – Ubstadt-Weiher – Stuttgart – Speyer – Basel

Verlag Regionalkultur GmbH & Co. KG
Bahnhofstraße 2 • 76698 Ubstadt-Weiher • *Telefon* (07251) 36703-0 • *Fax* 36703-29
E-Mail kontakt@verlag-regionalkultur.de • *Internet* www.verlag-regionalkultur.de